全民健身计划系列丛书

木兰扇

方 方 / 编著

吉林出版集团股份有限公司
全国百佳图书出版单位

图书在版编目（CIP）数据

木兰扇 / 方方编著. -- 长春：吉林出版集团股份有限公司, 2021.1（2021.10重印）
（全民健身计划系列丛书 / 王晓亮主编）
ISBN 978-7-5581-9486-3

Ⅰ.①木… Ⅱ.①方… Ⅲ.①拳术—基本知识 Ⅳ.①G852.19

中国版本图书馆CIP数据核字(2020)第252717号

MULANSHAN
木兰扇

方 方 编著

责任编辑	田 璐　朱万军
封面设计	张振东
版式设计	吉林国艺图书有限公司
责任印刷	王 起

出　　版	吉林出版集团股份有限公司
发　　行	吉林出版集团青少年书刊发行有限公司
地　　址	长春市福祉大路5788号
邮政编码	130118
电　　话	0431-81629800
传　　真	0431-81629812
印　　刷	永清县晔盛亚胶印有限公司
版　　次	2021年2月第1版
印　　次	2021年10月第2次印刷
字　　数	100千字
开　　本	720mm×1000mm　1/16
印　　张	8
书　　号	ISBN 978-7-5581-9486-3
定　　价	36.00元

版权所有　翻印必究

全民健身计划系列丛书
编委会

主 编

王月华　　张　颖

副主编

方　方　　范美艳

编 者

丁雪飞	于　洋	王小亮	王月华
王玞玥	王思臻	方　方	文博洋
丛广惠	白赞路	许沂铭	张　颖
张艳玲	张　月	张彦杰	张　楠
宋丽颖	苏雅娟	范美艳	唐　堃
董诗雨	董博宇	李　兵	吕国宏
杜　洋			

《木兰扇》
编写人员

方　方

前　言

党的十九大报告指出："广泛开展全民健身活动，加快推进体育强国建设。"当全民健身上升为国家战略后，日常参与健身的人群将日益扩大，大家将以各种方式强健体魄，获得感和幸福感油然而生。

面对这样可喜的局面，吉林出版集团股份有限公司青少年书刊出版发行事业部和吉林体育学院编写组共同策划、编写了"全民健身计划系列丛书"。

"全民健身计划系列丛书"能够顺应国家有关体育的大政方针，把握时代脉搏，对指导大众健身有很好的促进作用。丛书图文并茂，实用性强，力争有所创新，包括球类运动、体操健身运动、传统武术、体育舞蹈、休闲运动、格斗运动和民间体育活动等项目，通过高清图片分解健身步骤，使读者用简单易行的锻炼方式达到良好的健身效果。读者在学习的过程中，不仅能够掌握运动健身的方法，还能够学到保健方面的基本知识。

吉林体育学院的老师作为专业的体育工作者，把高等院校的理论资源转化为实践成果，使"全民健身计划系列丛书"更加具有权威性、科学性、实用性，也更贴近健身人群的需求。

希望本丛书能为社会各界热爱健身的人士提供指导与帮助。

目　录

第一章　概述 ……………………………………… 01

第一节　起源与发展……………………… 02
第二节　场地和装备……………………… 04

第二章　运动保健 ………………………………… 07

第一节　自我身体评价…………………… 08
第二节　运动价值………………………… 14
第三节　运动保护………………………… 19

第三章　基本动作 ………………………………… 29

第一节　手形与手法……………………… 30
第二节　步形与步法……………………… 32
第三节　平衡动作………………………… 37
第四节　基本腿法………………………… 39
第五节　扇子的握法……………………… 42

第四章　套路练习　47

第一节　第一段 …………………………… 48
第二节　第二段 …………………………… 67
第三节　第三段 …………………………… 85
第四节　第四段 …………………………… 103

第五章　比赛规则　116

第一节　比赛方法 ………………………… 117
第二节　裁判方法 ………………………… 119

第一章

概述

木兰扇是木兰拳系的一种，是一个风格独特的武术健身项目。它融合了木兰拳与其他武术及舞蹈动作，由木兰拳与扇的挥舞动作结合而成，充满了武术的刚健之美，兼具飘逸潇洒之美，是具有观赏性及艺术性的健身运动。

第一节 起源与发展

木兰扇是木兰拳运动的重要内容，兼有木兰拳和扇舞两种风格特点，在医疗康复、强身健体、陶冶性情等方面都具有良好的功效。

一、起源

木兰扇属于木兰拳系列，随着木兰拳系列的创编而产生，是将木兰拳的基本特点融会于扇法中的运动形式。它不仅把刚健的武术动作和优美潇洒的民族舞姿有机地融合在一起，而且每个套路都配以优雅动听的民族乐曲。其动作刚柔相济，虚实分明，舒展大方，动静结合，同时又架势紧凑，婀娜多姿。因此，该运动既有很强的娱乐特点，又有艺术观赏价值，同时在套路编排上，做到了男女老少皆宜。

二、发展

近年来，木兰扇的习练人群不断壮大，已经由民间自发走上规范化的发展道路，成为全民健身运动的重要组成部分。

为了科学地揭示木兰扇健身的奥秘，许多专家、学者和木兰扇教练从多方面对木兰扇的健身原理进行了深入研究。

1997年，国家体育总局武术运动管理中心委托上海武术院组织有关专家编写了《木兰单扇三十八式》，规范套路。

1998年4月，在北京召开了第一次《木兰拳规定套路》和《木兰拳竞赛规则》审定会，为木兰扇运动的规范发展写下了重要一笔。

1999年5月，在浙江省台州市举行了首次全国木兰拳规定套路比赛，在此基础上，《木兰拳规定套路》和《木兰拳竞赛规则》经第二次审定，于2000年整理成书，并制作成VCD光盘在社会上发行，大大推动了木兰扇运动的普及和发展。

2000年10月，在江西南昌举行的全国木兰拳比赛中，增设了木兰扇规定套路个人项目比赛。从此，木兰扇运动更加科学、规范地在全国范围内蓬勃发展起来。

目前，这项运动已传播到很多国家和地区，充分展现出其广阔的发展前景。

第二节 场地和装备

木兰扇是顺应社会需求和历史发展潮流而生的，可以使爱好者充满自信地面对人生、事业和生活。因而，它不仅成为一种时尚，同时也为练习者提供振奋人心的精神力量。木兰扇对场地和装备要求不高，利于普及，是人们健身娱乐的主要选择之一。

一、场地

（一）规格

单人项目的场地长 14 米、宽 8 米，四周内沿应标明 5 厘米宽的边线。其周围至少有 2 米宽的安全区，在场地的两边中间各做一条长 30 厘米、宽 5 厘米的中线标记。

集体项目的场地不受限制。

（二）要求

从地面起，赛场上空至少应有 8 米的无障碍空间；如设两个以上的比赛场地，两场地之间距离应在 6 米以上。

二、装备

(一) 扇子

木兰扇分为单扇和双扇。

扇子全长33厘米,宽2厘米。扇骨的材质有玻璃钢和竹子等,具体选择可根据自身情况而定。见图1-2-1。

图 1-2-1

(二) 服装

1. 款式

选用服装应具有中华民族特色,其中有不同规格的沿边、布襻、绸腰带、灯笼袖口和灯笼裤脚等。现代武术服装亦有西式裤、短袖上衣等式样,可镶有不同样式的装饰品。见图1-2-2。

2. 材质

服装的面料可自由选择,穿着舒适即可。

图 1-2-2

3. 要求

(1) 比赛时,运动员必须穿着规定的比赛服装。

(2) 不许佩戴手表、耳环、项链和手镯等饰品。

(3) 比赛服装上的广告标志或队标只允许印在左袖外侧一处,大小不得超过 8 厘米 ×5 厘米。

(三) 鞋

比赛和表演中常见的是以羊皮或帆布制面、软胶制底的武术表演专用鞋,这种鞋既舒适又美观。见图 1-2-3。

图 1-2-3

2

第二章

运动保健

体育运动对增强体质、预防疾病和促进人体健康具有良好的作用。但是，并非所有人做相同的运动都会达到同样的效果。对于同一种运动负荷，不同的人机体反应差异很大。即使是同一个个体，在不同时期、不同机能状态下，对同一负荷的反应及收到的效果也是不一样的。因此，对于不同个体，应制定适合其机能需要的运动强度、时间、频率和持续周期。从事体育锻炼一定要讲究科学性，使机体最大限度地获得运动价值，使某些疾病得到有效的防治或祛除。

第一节 自我身体评价

自我身体评价是指根据个体的不同情况，以及简单的功能评定标准，对锻炼者进行身体评价，并以此为依据，确定具体的锻炼内容。

一、适宜人群

体适能是全身适应性的一部分，是人体对现代生活的适应能力。为了促进健康、预防疾病、提高生活质量和工作学习效率，几乎所有人都可以追求健康体适能，而且经过简单的评价和测试，均可以成为目标人群，即适宜人群。

（一）健康体适能评价标准

健康体适能是指身体有足够的活力和精力处理日常事务，不会感到过度疲劳，并且还有足够的精力去享受休闲活动或应付突发事件。

健康体适能是确定锻炼者是否为运动适宜人群的主要依

据。目前的评价标准主要包括国民体质测定标准、学生体质测定标准和普通人群体育锻炼标准等。

国民体质测定标准主要包括形态指标、机能指标和素质指标3部分,各项指标的测定结果为1～5分,共5个级别。凡各项指标达不到4分或5分者,均应纳入健身人群。

学生体质测定标准分为优秀、良好、及格和不及格4个级别。优秀水平以下者,均应被纳入健身人群。

普通人群体育锻炼标准分为5个级别,凡达不到4分或5分者,均应纳入健身人群。

(二)简易运动功能评定

简易运动功能评定的目的在于确定锻炼者有无运动禁忌症或临时运动禁忌,即是否适合参加体育锻炼,以防万一,避免意外事故发生。目前通行的方式为3分钟踏台阶测试。

1. 目的

测试锻炼者运动后心率恢复情况,以评估其心肺功能。

2. 器材

30厘米高的长凳、节拍器、秒表和时钟。见图2-1-1。

3. 步骤

(1)节拍器设定为每分钟96次,测试者依"上上下下"的节拍运动3分钟,每次踏上台阶应达到直膝,而且先踏上的脚先落下。

(2)测试者完成3分钟踏台阶后,5秒钟内开始测量脉搏,时间为1分钟,记录下心率,并依据表2-1-1评价功能水平。

(3)运动后心率越低,证明心肺功能越好,在运动强度允许的范围内,锻炼者可选择运动强度的较高值来进行运动。

4. 注意事项

如测试者经过努力仍无法达标,或出现头晕、胸闷、出冷汗等症状,应立即终止测试。运动中应特别考虑运动强度,以防止出现意外。

图 2-1-1

表 2-1-1(单位:次/分钟)

	年龄(岁)	欠佳	尚可	一般	良好	优异
男士	18~25	>115	105~114	98~104	89~97	<88
	26~35	>117	107~116	98~106	89~97	<88
	36~45	>119	112~118	103~111	95~102	<94
	46~55	>122	116~121	104~115	97~103	<96
	56~65	>119	112~118	102~111	98~101	<97
	65+	>120	114~119	103~113	96~102	<95
女士	18~25	>125	117~124	107~116	98~106	<97
	26~35	>128	119~127	111~118	98~110	<97
	36~45	>128	118~127	110~117	102~109	<101
	46~55	>127	121~126	114~120	103~113	<102
	56~65	>128	118~127	112~117	104~111	<103
	65+	>128	122~127	115~121	101~114	<100

二、锻炼目标

锻炼目标应根据锻炼者不同的身体状况来确定,可分为近期目标和远期目标。此外,确定锻炼目标还应结合锻炼者的运动意向、愿望、兴趣,以及本人的健康状况等因素来进行。

（一）近期目标

近期目标是指锻炼者初期应达到的目标。在进行运动前,应首先明确锻炼目标,即近期目标。选择一两个健康体适能构成要素,作为未来两个月内努力完成的目标,而且应从成功概率较高的构成要素开始,并将预期两个月后要达到的目标做上记号,如提高某个或某些关节的活动幅度,增强某块肌肉或某肌肉群的力量等。

（二）远期目标

远期目标是指锻炼者最终要达到的目标。实践证明,经过科学合理的锻炼,锻炼者是可以达到一般的远期目标的,如提高心肺功能,使其达到优秀的等级,或达到降血脂和防治高血压、冠心病的目的等。

三、运动负荷

运动负荷即运动量。怎样控制运动量、合适的运动时间是多少等,一直是有争议的问题。但有一点是可以肯定的,任何的意见和建议,都需要综合考虑锻炼者的身体状况和所要达到的目标,并以此为依据来制订科学的身体锻炼计划。

（一）运动强度

在运动过程中，运动强度过小，无法达到锻炼效果；运动强度过大，不仅达不到最佳的锻炼效果，还可能产生一些副作用，甚至出现意外事故。确定运动强度有两种方法，即心率简易推测法和主观感觉疲劳分级表推测法。

1. 心率简易推测法

（1）年龄在 20 岁左右的年轻人，身体健康，能坚持体育锻炼，欲进一步提高身体机能，可取最大心率值（最大心率值=220-年龄）的 65%～85%。

（2）年龄在 45 岁以下，身体基本健康，有运动习惯者，开始进行健身锻炼，可取最大心率值的 65%～80%；没有运动习惯者，开始进行健身锻炼，可取最大心率值的 60%～75%。

（3）年龄在 45 岁以上，身体基本健康，有运动习惯者，开始进行健身锻炼，可取最大心率值的 60%～75%；没有运动习惯者，建议根据自身情况咨询专业人员来指导和确定运动强度。

2. 主观感觉疲劳分级表推测法

运动的疲劳程度大致分为 10 级，具体为：0～1 级，没感觉；2～3 级，尚轻松；4～5 级，稍累；6～7 级，累；8～9 级，很累；10 级，精疲力竭。因此，健身锻炼的运动强度应控制在主观感觉疲劳程度的 4～7 级之间。

（二）运动频率

运动频率是指每日及每周锻炼的次数。一般每周锻炼 3～4 次，即隔日锻炼 1 次即可。充足的休息时间可使机体得到充分的休息，能收到更好的锻炼效果。

（三）运动持续时间

运动强度和运动持续时间决定了一次锻炼的运动量和热量消耗。运动持续时间与运动强度成反比，运动强度大，运动持续时间可相应缩短；运动强度小，则运动持续时间相应延长。一般的健身锻炼，运动持续时间以每天20～60分钟为宜，其中包括准备活动时间、健身锻炼时间和整理活动时间。每次健身锻炼应在20分钟以上，锻炼可一次性完成，也可分段进行，但每段活动时间应在10分钟以上。

第二节 运动价值

运动价值是人们一直在探讨的问题。一般认为，运动具有两个方面的价值，即健身价值和心理价值。身体和精神的健康是相互依存的，伴随着身体功能的改善，精神状况也能同时得到改善。

一、健身价值

健身价值在于提高体适能。体适能包括心肺耐力素质、肌肉力量素质、柔韧性素质和身体成分等。体适能的发展是积极从事锻炼的结果，只有规律性的体育锻炼才能达到最佳的体适能。

（一）提高心肺耐力素质

心肺耐力是指全身肌肉进行长时间运动的持久能力，是体内心肺系统对身体各细胞的供氧能力。人体的心脏、肺、血管、血液等组织的功能是心肺耐力的基础，与氧气和营养物质的输送以及代谢物的清除有关。健全的心肺功能是健康的基本保证。

系统的体育锻炼，可以使心肌增厚，收缩力加强，心室容积增大，从而使心脏的泵血功能增强，表现为心血输出量增加，心脏的能力得到提高。

系统的体育锻炼，也可使呼吸系统机能得到提高，表现为呼吸肌力量增强，肺活量、肺通气量明显增加，呼吸系统的工作能力提高，同时还提高了向机体供氧的能力。

系统的体育锻炼，可以促进血管系统的形态、机能和调节能力，提高机体的工作能力。

系统的体育锻炼，可以使血液系统产生某些适应性变化，如血容量增加、血黏度下降、红细胞膜弹性增强、红细胞变形能力增强等。

(二) 提高肌肉力量素质

肌肉力量是指肌肉最大收缩产生的对抗阻力或负荷的能力。肌肉力量只有达到一定程度，才能克服外界阻力，而克服外界阻力是维持日常生活自理能力，从事各种劳动和运动的必要前提。

系统的体育锻炼，可以提高肌肉的生理横断面积，改善神经系统对肌肉收缩的支配功能，还可以提高肌肉内代谢物质的储备量，以有效地提高肌肉质量，使肌肉力量得到提高。

(三) 提高柔韧性素质

柔韧性是指人体各关节的活动幅度，即关节的肌肉、肌腱和韧带等软组织的伸展能力。柔韧性对于保证正常生活质量、维持正常体态、预防损伤发生和减轻损伤程度等方面均起着至关重要的作用。

通过系统的体育锻炼，可以延缓因年龄因素而导致的身体柔韧性下降，预防因缺乏运动而导致的关节结构、周围软组织和膝关节肌肉退化，从而使锻炼者在日常生活、劳动和运动时充满活力。

(四) 改善身体成分

身体成分是指人体体重中的脂肪组织和去脂组织的重量百分比。身体成分中的脂肪成分增加，肌肉成分必然下降。身体中不具备收缩功能的脂肪组织增加，必然导致身体进行各种活动的能力下降、基础代谢水平降低和肥胖症、冠心病、高血压、糖尿病、高血脂等慢性疾病发病率的升高。因此，合理的身体成分是保证人体健康的重要内容之一。

系统的体育锻炼可以使锻炼者的体质得到增强，这样，热量消耗便会随之增加，进而燃烧体内多余的脂肪，使身体成分得到改善。而身体成分的改善，又可以减少体重对关节带来的不利影响，还可以使肥胖者的心理状况得到改善，增强其自信心，逐步建立健康的生活方式。

二、心理价值

研究证明，体育锻炼不但可以使锻炼者增强体质、促进身体健康、预防慢性疾病，还可以提高锻炼者的生活满意度和生活质量，对其心理健康产生明显的积极影响。

体育锻炼的心理健康效应主要表现在以下6个方面：

（一）改善情绪状态

1. 短期效应

研究发现，体育锻炼对人的情绪状态具有显著的短期效应。运动后人们的焦虑、抑郁、紧张和心理紊乱程度显著减轻，而精力和愉快程度则显著增强。这种情绪的迅速变化，与锻炼者个体的健康状况、活动形式和活动强度等有直接的联系。

2. 长期效应

体育锻炼对人情绪的长期效应有直接影响，与不锻炼者相比，有规律的锻炼者在较长时期内很少会产生焦虑、抑郁、紧张和心理紊乱等情绪。

（二）完善个性行为特征

人的行为特征一般可以分为两种类型，用 A 型行为特征和 B 型行为特征来表示。A 型行为特征主要表现为性情急躁、争

表 2-2-1 A、B 型行为特征表现

A 型行为特征者常见表现	B 型行为特征者常见表现
约会从来不迟到	对约会很随便
竞争意识很强	竞争意识不强
别人要讲话时总爱抢先或插话	别人讲话时是很好的听众
总是匆匆忙忙	即使有压力也从不匆忙
等待时缺乏耐心	能够耐心等待
做事全力以赴	处事漫不经心
同时想做很多事	在一定时间里只做一件事情
讲话喜欢加重语气，甚至敲桌子	讲话语速缓慢、不慌不忙
做了好事希望能得到别人的承认	只要自己满意即可，不管别人怎么想
吃饭、走路都很快	没什么业余爱好
不善与人相处	为人随和
容易暴露自己的情感	能控制自己的感情
具有广泛的兴趣	满足于目前的工作和学习状况
胸怀雄心壮志	做事情很慢

强好胜、容易激动、整天忙碌等；B 型行为特征主要表现为不好竞争、不易紧张、不赶时间、待人随和、喜欢自由自在等。具有 A 型行为特征的人由于过度紧张的情绪反应，会引起内分泌失调，增加心脏病发病的概率。目前的一些研究主要集中在体育锻炼对改变 A 型行为特征的作用方面。研究结果表明，有规律的体育锻炼能明显改变 A 型行为特征，使其发生显著的积极变化。见表 2-2-1。

(三) 确立良好的自我概念

自我概念是指个体对自己身体、思想和情感的主观整体评

价，由许多自我认识组成，包括我是什么人、我主张什么和我喜欢什么等。

坚持体育锻炼，可以使锻炼者体格强健、精力充沛、提高驾驭身体的能力，从而改善对自身的满意程度，确立良好的自我概念。

(四)改变睡眠模式

根据脑电图显示，人的睡眠可以分为两种状态，即慢波睡眠状态和快波睡眠状态，前者为浅度睡眠状态，后者为深度睡眠状态。一夜之间两种睡眠状态会交替发生4～5次。

有规律的体育锻炼不仅对慢波睡眠有改善作用，而且能缩短入眠的潜伏期，延长睡眠时间。

(五)改善认知能力

体育锻炼还能改善人的认知过程，避免反应时间过长、注意力不集中和思维混乱等症状的发生，尤其对老年人认知能力的改善效果更为明显。

(六)增强心理治疗效应

体育锻炼被公认为是心理治疗的好方法。目前，人群中常见的心理疾病是抑郁症和焦虑症。研究发现，体育锻炼是治疗抑郁症的有效手段之一。抑郁症患者经过有规律的体育锻炼，能显著减轻症状。

体育锻炼还具有治疗焦虑症的作用，通过有规律的体育锻炼，锻炼者的焦虑症状可以得到明显缓解。

第三节　运动保护

在运动过程中，人体机能会随时发生变化。因此，应针对这个特点来进行体育锻炼，也就是我们所说的运动保护。运动保护一般包括运动前准备、运动后放松和自我养护3个方面。

一、运动前准备

准备活动是指在正式运动之前进行的有目的的身体练习。做好充分的准备活动，可以缩短机体进入最佳状态的时间，同时还可以预防运动损伤的发生，为机体发挥最大的工作效率做好功能上的准备。

（一）准备活动的作用

1. 提高中枢神经系统兴奋状态

（1）使大脑反应速度加快，参加活动的运动中枢神经间相互协调。

（2）为正式运动时生理机能达到适宜程度提前做好准备。

2. 提高机体代谢水平

（1）准备活动可以使锻炼者体温升高，降低肌肉黏滞性，使肌肉的伸展性、柔韧性和弹性增强，从而有效预防运动损伤的发生。

(2)准备活动可以增强体内代谢酶的活性，使物质代谢水平提高，以保证运动时有较充分的能量供应。

3. 克服内脏器官生理惰性

(1)准备活动可以提高心血管系统和呼吸系统的机能水平，使肺通气量及心血输出量增加。

(2)可以使心肌和骨骼肌的毛细血管扩张，使其工作肌获得更多的氧，从而克服内脏器官的生理惰性，使之尽快达到最佳状态。

4. 增加皮肤毛细血管血流量

准备活动可以使皮肤毛细血管的血流量增加，运动后毛细血管扩张，有利于散热，降低体温，有效防止正式活动时由于体温过高而影响运动能力。

(二)准备活动的要求

1. 准备活动的时间

(1)准备活动的时间可以根据运动项目的具体情况确定，一般以 10～30 分钟为宜。

(2)准备活动与正式运动的间隔时间，一般以不超过 15 分钟为宜，可以在做完准备活动后立刻进行正式运动。

2. 准备活动的强度

(1)准备活动的强度和量应较正式运动小，以免引起疲劳。

(2)准备活动的量可以由心率决定，心率以 100～120 次/分钟为宜。

(三)一般性准备活动

一般性准备活动的内容多以伸展运动开始，然后进行一般性的跑步、徒手体操等活动。

下面介绍一套常用的一般性准备活动操，供锻炼者运动前使用。这套活动操主要包括头部运动、肩部运动、扩胸运动、体侧运动、体转运动、髋部运动和踢腿运动等。

1. 头部运动

两手叉腰,两脚左右开立,做头部向前、向后、向左、向右,以及绕环运动。见图2-3-1。

图 2-3-1

2. 肩部运动

手扶肩部,屈臂向前、向后绕环,以及直臂绕环。见图2-3-2。

图 2-3-2

3. 扩胸运动

屈臂向后振动及直臂向后振动。见图 2-3-3。

图 2-3-3

4. 体侧运动

两脚左右开立，一手叉腰，另一臂上举，并随上体向对侧振动。见图 2-3-4。

图 2-3-4

5. 体转运动

两脚左右开立，两臂体前屈，身体向左、向右有节奏地扭转。见图2-3-5。

图 2-3-5

6. 髋部运动

两脚左右开立，两手叉腰，髋关节放松，向左、向右360度旋转。见图2-3-6。

图 2-3-6

7. 踢腿运动

两臂上举后振,同时一腿向后半步,重心置于前腿,两臂下摆后振,同时向前上方踢腿。见图2-3-7。

图 2-3-7

二、运动后放松

运动后放松是指运动后进行的一些能够加速机体功能恢复的、较轻松的身体活动。与运动前的准备活动相反,其目的是使锻炼者的生理机能水平逐步得到恢复。

(一)放松方法

1. 运动性手段

(1)运动结束后,锻炼者可采用变换运动部位的方法来消除疲劳,如上肢出现疲劳时可做一些慢跑运动,下肢出现疲劳时,可做一些上肢运动。

(2)转换运动类型也是一种不错的放松方法,如打羽毛球出现疲劳时可做瑜伽来达到放松的目的。

(3)还可以用调整运动强度的方法来缓解疲劳,如可以在放松过程中,采用小强度的轻微运动方法等。

2. 整理活动

（1）整理活动是指运动后所做的一些能够加速机体功能恢复的身体活动，如剧烈运动后进行3～5分钟慢跑或其他整理活动，使身体机能得以恢复。

（2）剧烈运动后若不做整理活动而骤然停止动作，会影响氧气的补充和静脉血的回流，使机体血压降低，引起不良反应。见图2-3-8。

（二）注意事项

1．在进行整理活动时动作应缓慢、放松，运动量不要过大，否则会引发新的疲劳。

2．在进行整理活动时，应当保持心情舒畅、精神愉悦。

图 2-3-8

三、自我养护

锻炼后，锻炼者感觉身体疲劳是一种正常的生理现象，是体育锻炼过程中的正常反应。随着体育锻炼时间的延长，疲劳症状自然会消失。运动性疲劳出现后,锻炼者如果采用一些自我养护措施,可以加速身体机能的恢复,尽快消除疲劳,提高锻炼效果。常见的自我养护方法主要包括运动后休息、合理营养和物理手段。

(一)运动后休息

1. 静止性休息

(1)静止性休息是指锻炼者运动后保持机体相对静止的状态,以促进身体机能恢复,尽快消除疲劳。

(2)静止性休息的最佳方式是睡眠,特别是刚开始从事锻炼者,身体不适应或疲劳症状明显时,更应该保证充足的睡眠,否则,锻炼者虽然积极参加了体育锻炼,但收效甚微,甚至会导致过度疲劳症状的发生。

(3)静止性休息更适合消除全身运动导致的整体疲劳症状。见图 2-3-9。

图 2-3-9

2. 积极性休息

(1)积极性休息更适合由于少量肌肉群参与工作而导致的局部疲劳,或运动强度较大而导致的快速疲劳。

(2)积极性休息可以加速血液循环,有利于代谢物排出体外,对促进身体机能的恢复具有明显的效果。见图 2-3-10。

图 2-3-10

(二)合理营养

小强度、长时间的运动形式,主要是靠糖原的有氧代谢提供能量。运动后应及时补充淀粉类食物,如面粉、大米等,以促进糖原的合成。随着人民生活水平的提高,在饮食结构中,肉类食品的比重不断增加,而淀粉类食品的比重逐渐减少,这一现象应当引起人们的注意。特别是老年人参加体育锻炼,更应注意对淀粉类食物的补充。

强度较大、时间又相对较长的运动形式,主要是靠糖原的无氧代谢提供能量。这样,糖原无氧代谢产物——乳酸便会在体内大量堆积。因此,运动后应多补充蔬菜、水果等碱性食品,以加速乳酸的清除,尽快消除疲劳。见图 2-3-11。

图 2-3-11

(三)物理手段

1. 按摩及牵拉

(1) 通过按摩刺激神经末梢、皮肤结缔组织和毛细血管，可以使紧张的肌肉得以放松，从而改善局部组织，加速全身的血液循环，达到促进身体机能恢复的目的。这种方法可以在锻炼后马上进行。

(2) 此外，还可以采取缓慢牵拉肌肉的方法，使收缩的肌肉得到充分的伸展放松。见图2-3-12。

图 2-3-12

2. 水疗及电疗

(1) 水疗包括芬兰式蒸汽浴、热水浴和桑拿浴等多种形式，主要作用是通过提高体温促进血液循环，清除代谢物，以达到尽快消除疲劳、恢复体力的目的。

(2) 水疗的时间一般以不超过30分钟为宜，如果时间过长，会进一步消耗体力，严重时甚至会出现暂时性脑缺血现象。

(3) 如果条件允许，还可以对疲劳的肌肉进行低频治疗。低频治疗仪的原理是模拟针灸疗法，使用时将电极用不干胶对称地粘贴在运动部位表皮上。这种疗法可以促进局部血液循环，改善组织代谢，缓解肌肉酸痛，消除疲劳。

3

第三章 基本动作

木兰扇的动作造型优美,伴以优雅的音乐,表现出刚柔相济的美感,基本动作包括基本手形与手法、基本步形与步法、平衡动作、基本腿法和扇子的握法等。

第一节 手形与手法

手形与手法的练习主要是为了提高套路动作的规范性。木兰扇手形、手法动作简单,便于掌握。

一、掌

1. 动作方法
五指自然伸直,拇指根节略内扣。见图3-1-1。

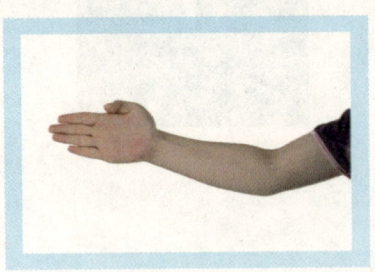

图 3-1-1

2. 技术要点

四指要并拢。

二、推掌

1. 动作方法

掌心朝前,臂由屈到伸。见图 3-1-2。

2. 技术要点

力达掌根。

图 3-1-2

第二节 步形与步法

步形与步法的练习主要是为了增进腿部的力量和速度,以提高两腿移动转换的灵活性和稳固性。木兰扇的步形、步法与武术的步形、步法基本一致,但也具有自身特点。

一、基本步形

木兰扇的基本步形包括弓步、虚步、歇步、前点步、坐莲步、叉步和盖步等。

(一)弓步

1. 动作方法

(1)前腿屈膝半蹲前弓,膝部不超过脚尖,脚尖外展45度,全脚掌着地。

(2)后腿自然伸直,脚尖略内扣,全脚或脚前掌着地,两腿呈一直线。见图3-2-1。

2. 技术要点

挺胸,塌腰,沉髋,身体保持直立。

图 3-2-1

(二)虚步

1. 动作方法

（1）后腿支撑，膝略屈，脚尖外展。

（2）前脚自然伸直，脚尖外展，脚前掌着地。见图3-2-2。

2. 技术要点

挺胸，塌腰，虚实分明。

图3-2-2

(三)歇步

1. 动作方法

（1）两腿交叉，屈膝全蹲。

（2）前腿脚尖外展，全脚掌着地。

（3）后脚脚跟离地，臀部坐于小腿接近脚跟处。见图3-2-3。

2. 技术要点

挺胸，塌腰，两腿靠拢并贴紧。

图3-2-3

(四)前点步

1. 动作方法

（1）后腿支撑自然伸直，脚尖外展。

（2）前腿自然前伸，脚前掌着地。见图3-2-4。

2. 技术要点

身体挺拔，虚实分明。

图3-2-4

(五)坐莲步

1. 动作方法

（1）后腿前脚掌着地全蹲，臀部坐于小腿上。

（2）前腿自然伸直，脚尖外展45度，

脚掌外侧着地,膝腘贴于支撑腿膝关节内侧。见图3-2-5。

2. 技术要点

支撑腿的大小腿要贴紧,重心下沉。

图 3-2-5

图 3-2-6

(六)叉步

1. 动作方法

(1)两腿交叉,前脚脚尖外展45度全脚着地,屈膝半蹲。

(2)后脚全脚掌着地,腿自然伸直。见图3-2-6。

2. 技术要点

身体要保持正直,不可前俯。

(七)盖步

1. 动作方法

一腿支撑,另一腿经支撑腿侧横跨一步,脚尖点地,脚自然伸直。见图3-2-7。

2. 技术要点

两腿交叉,重心在后,虚实分明。

图 3-2-7

二、基本步法

木兰扇的基本步法包括上步、退步、插步和后扫步等。

(一) 上步

1. 动作方法

后脚经支撑腿向前迈出,脚尖略外展,脚尖或脚跟着地。见图 3-2-8。

图 3-2-8

2. 技术要点

上步时,重心由后向前逐渐前移。

(二) 退步

1. 动作方法

前脚经支撑腿内侧向后退一步,脚前掌着地。见图 3-2-9。

图 3-2-9

2. 技术要点

退步时,重心由前向后逐渐后移。

(三) 插步

1. 动作方法

一腿屈膝支撑,另一腿经支撑腿内侧,向后向侧内方横插步,两脚呈交叉状。见图 3-2-10。

2. 技术要点

插步时,重心由前向后逐渐移动,但要低一些。

图 3-2-10

（四）后扫步

1. 动作方法

一腿略屈支撑，另一腿的脚掌擦地向外、向后弧形摆至体后。见图 3-2-11。

2. 技术要点

扫转腿要伸直，脚掌不要离地。

图 3-2-11

第三节 平衡动作

平衡动作是木兰扇中出现次数较多的动作，具有一定的难度。要做好平衡动作，不仅要求腰、髋有较好的柔韧性，而且要有较好的肌肉控制力量。平衡动作包括后举腿平衡、提膝平衡、望月平衡等。

一、后举腿平衡

1. 动作方法

一腿支撑直立，另一腿屈膝后抬小腿，脚掌朝上，高与臀平。见图 3-3-1。

2. 技术要点

抬小腿，脚掌朝上，高与臀平。平衡站稳，脚趾抓地。

图 3-3-1

二、提膝平衡

1. 动作方法
一腿支撑直立，另一腿在体前屈膝提起，脚尖自然下垂并略内扣，大腿略高于水平。见图 3-3-2。

2. 技术要点
平衡站稳，脚趾抓地，脚尖略内扣。

图 3-3-2

三、望月平衡

1. 动作方法
（1）一腿支撑直立，上体侧倾，腰向支撑腿同侧方上翻拧转，挺胸，塌腰。

（2）另一腿在身后向支撑腿同侧方上举，小腿屈收，脚面绷平，脚掌朝上。见图 3-3-3。

2. 技术要点
身体要保持平稳，头和身体向后拧转。

图 3-3-3

第四节 基本腿法

木兰扇的基本腿法主要有上踢腿、前蹬腿和勾踢等。

一、上踢腿

1. 动作方法
一腿支撑,脚尖外展45度,另一腿勾脚尖由下向上踢起,脚高于肩。见图3-4-1。

2. 技术要点
挺胸,直腰,两腿要伸直。

图 3-4-1

二、前蹬腿

1. 动作方法

一腿支撑，另一腿屈膝提起，脚尖自然下垂，小腿向上摆起至胸时，勾脚尖向前方蹬出。见图3-4-2。

2. 技术要点

挺胸，直腰，收髋，蹬起要由屈到伸。

图 3-4-2

三、勾踢

1. 动作方法

（1）一腿微屈膝支撑。

（2）另一腿勾脚尖屈膝向后摆起，随即脚跟擦地向前侧面挺膝勾踢。见图3-4-3。

2. 技术要点

踢起腿由屈到伸，膝盖挺直。

第三章 基本动作

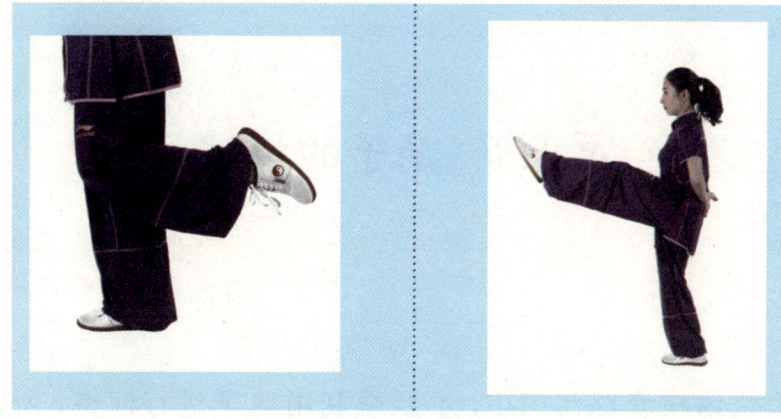

图 3-4-3

第五节 扇子的握法

木兰扇在套路练习中，主要是利用扇子进行演练，所以采用不同的握法，可以增强套路内容的丰富性与表现力。了解扇子各部分名称，掌握各种握法，才能更好地学习木兰扇。

一、扇子的构造名称

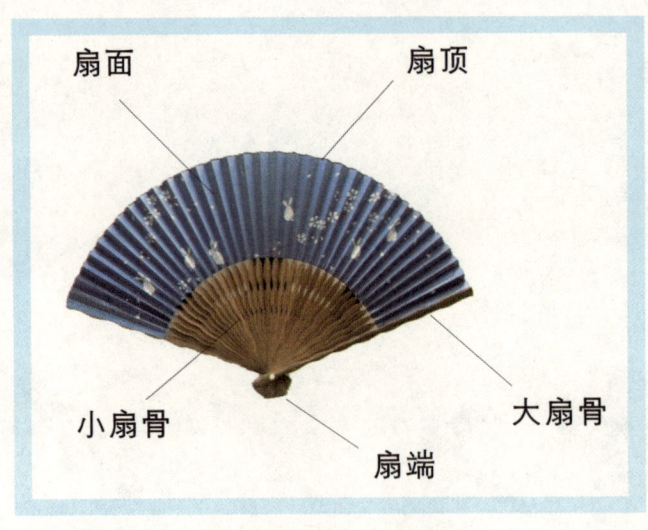

图 3-5-1

二、扇子的握法

（一）合扇握法

1. 大拇指扣压在扇端和大扇骨上，食指、中指、无名指、小指压在另一面小扇骨上。

2. 大拇指扣压在一侧扇端上，食指按压在扇骨上，中指、无名指、小指屈指扣压在另一侧扇端上。见图 3-5-2。

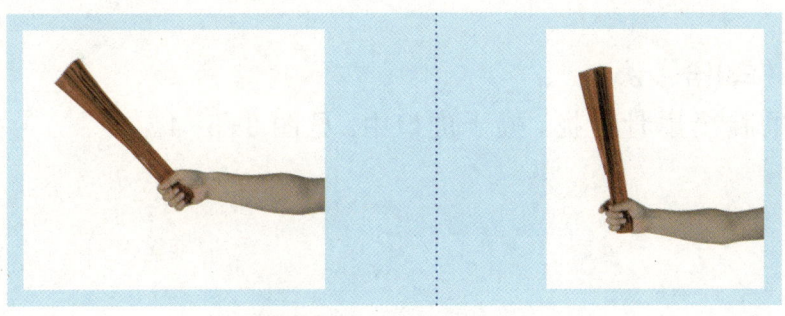

图 3-5-2

（二）开扇法

1. 大拇指扣压在扇端和小扇骨上，另四指压在另一面小扇骨上。

2. 大拇指扣压在扇端上，另四指屈指扣压在另一面扇端上。见图 3-5-3。

图 3-5-3

(三) 合扇法

甩腕至扇骨合拢,握于虎口中。见图 3-5-4。

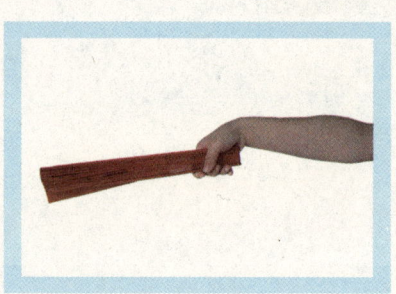

图 3-5-4

(四) 云扇

扇以腕关节为轴,向内或向外转动。见图 3-5-5。

图 3-5-5

(五) 托扇

扇面朝上,由下向上托起呈水平。见图 3-5-6。

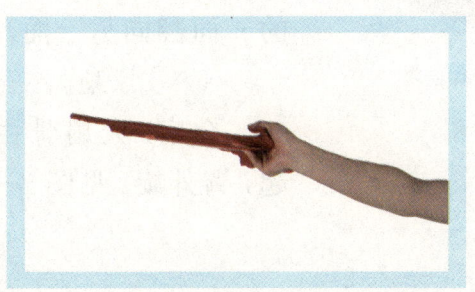

图 3-5-6

(六) 推扇

立扇,扇面朝前,手臂由屈到伸推出。见图 3-5-7。

图 3-5-7

图 3-5-8

(七)翻扇

平开握扇,手向内或向外由扇的一面翻向另一面。见图 3-5-8。

(八)撩扇

合扇,大扇骨由后向前上方抬起,臂外旋。见图 3-5-9。

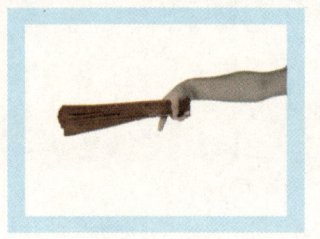

图 3-5-9

第四章 套路练习

三十八式木兰扇是在木兰花架拳的基础上吸取舞蹈、体操的部分动作而形成的。它是一项具有自己风格特点的武术健身运动。演练中，思想要集中，精神要全神贯注，情绪要饱满，神态要自然，注意力要集中。通过演练达到强身健体和陶冶情操的目的。

第一节　第一段

　　木兰扇第一段的套路动作有：预备势、神龙昂首、龙飞凤舞、燕子探海、金龙穿心、推云播雨、风卷残叶、神女舞扇、挥舞彩扇、拨云见日、彩云飘荡等。

一、预备势

图 4-1-1

1. 动作方法

（1）两脚跟并拢，两腿自然站立。

（2）右手握扇，扇顶朝下，双手自然垂于体侧，下颌略收，目视前方。见图4-1-1。

2. 技术要点

身体自然直立，下颌略收，目视前方。

二、神龙昂首

1. 动作方法

（1）并步抬臂扣扇。上体略向左转，左臂自然伸直向左侧上方抬起，手心向下，高与肩平，同时右手握扇，扇顶略向里扣，目视左手前方。

（2）屈肘坐腕推掌。左臂屈肘坐腕，指尖朝上，掌指向外推出，右手握扇不变，目视左手前方。

（3）旋腕转体摆掌。右手不变，上体向右转90度，同时左手心朝下，手腕外旋，手心向前随体转摆向右斜前方，掌心朝右侧，目视前方。

（4）转体屈肘推掌。右手不动，身体左转45度，同时左臂屈肘坐腕，掌立胸前，指尖向上，手掌略向前推，掌指向前，目视前方。见图4-1-2。

2. 技术要点

（1）摆掌要注意与腰的左右转动协调一致，眼神要随左掌移动。

（2）不能塌腰弯腿。

图 4-1-2

三、龙飞凤舞

1. 动作方法

（1）左手下落。双脚站立不变,左掌下落至腹前,掌心朝右侧,指尖朝上。

（2）双手上下画弧。上动不停,右手经左侧胯旁,臂内旋,向上经脸前画弧至额头前上方,同时左手摆至左侧胯旁,目随右手。

（3）屈膝画弧。上动不停,重心略下沉,双膝略屈,右手握扇向右、向下、向左侧画弧至身体左前下方,手心朝下,同时左手向左、向上、向前画弧至右前臂上,手心朝下,指尖斜上。

（4）右后摆扇。上体右转45度,两足跟提起,同时右手向右侧上方摆起,扇顶朝上,左手随体右转附于右腋前,目视右手方向。

（5）屈膝立掌。上动不停,身体左转45度,重心下沉,两腿略屈,右脚跟下落,同时左手落至胸前立掌,掌心朝右,目视前方。

（6）提膝举扇。右腿直立支撑,左腿屈膝抬起,脚尖自然下垂,略内扣,双手不变。

（7）左腿上摆。上动不停,左小腿上摆至齐腰部高度时,脚背向上。

（8）勾脚蹬腿。上动不停,左腿挺膝,脚尖勾起,脚跟向前上方15度蹬出,脚高于胸。见图4-1-3。

2. 技术要点

（1）双手上下画弧要走立圆,动作自然,协调一致。

（2）抬腿、蹬脚不要断劲,不要弓背,上身要挺拔,眼随动作走。

（3）动作连贯,上体保持正直。

第四章 套路练习

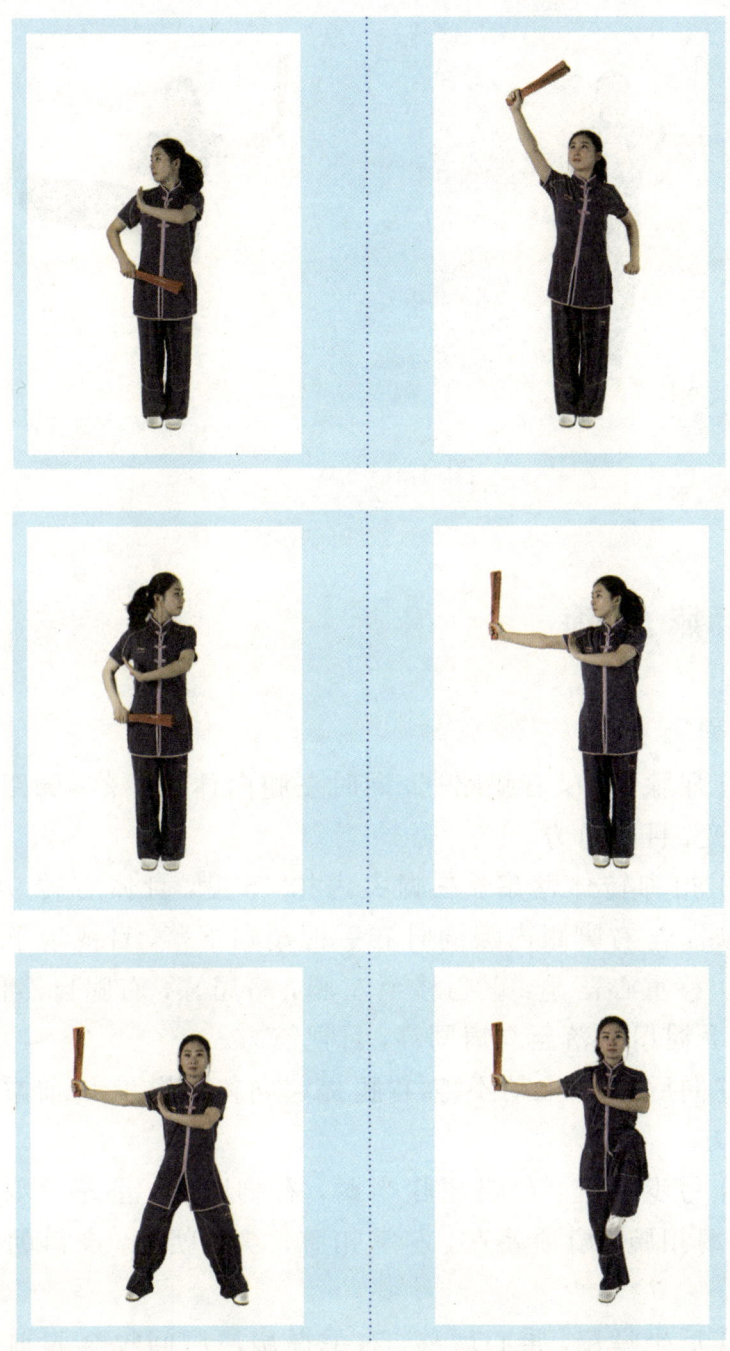

图 4-1-3

四、燕子探海

1. 动作方法

（1）屈膝落步。右腿略屈，同时左腿向体前下落，脚跟着地，手形不变，目视前方。

（2）扣脚转体落扇。左脚尖内扣45度，身体右转90度，右腿略屈，与右脚跟内踝同时右手握扇略下落，目视扇子。

（3）移重心落扇。重心移至左腿，略屈膝，右腿自然伸直，同时右手握扇下落至与肩同高，目视前方。

（4）向后撤步。上动不停，右腿提起向体后撤步，脚前掌着地，目视前方。

（5）弓步扣腕。左腿屈膝半蹲，右脚踏实，呈左弓步，同时右手握扇扣腕，扇顶朝左，左掌扣腕，掌心朝里，虎口朝上，目视前方。

（6）后坐举扇。重心后移，右手握扇屈肘回收至腹前，扇顶朝左,手心朝上,同时左手外旋至虎口朝前,经右手下向前穿出,目视左掌。

(7)前移举扇。重心前移,后脚跟提起,左臂屈肘坐腕,左掌内旋至右胸前立掌,同时右手向前上方抬至头上,扇顶斜向后,目视前方。

(8)抬腿开扇。左腿直立支撑,右腿屈膝向后抬起,脚掌斜向上,与臀同高,同时右手向前上方开扇,头向左转,目视左前方。见图4-1-4。

图 4-1-4

2. 技术要点

(1) 撤步、穿掌、抬腿、开扇要自然有力。

(2) 重心移动要与上肢协调一致。

(3) 开扇前,眼随扇走。

五、金龙穿心

1. 动作方法

（1）落步旋腕。右脚向左前45度落步，脚跟着地，右手内旋，扇面略下按，左掌不变，目视扇面。

（2）外旋合扇。上动不停，上体略右转，右手腕外旋，合扇至虎口中，手心斜向上，左手不变，目视右手。

（3）胸前摆扇。双脚不动，上体左转45度，同时右手心朝上，向左下平摆至胸前，扇顶朝左侧，左手外旋随转体附于胸前，掌心朝右，目视扇顶前方。

（4）穿掌平抽。左臂外旋，左手心向下，指尖向左侧经右前臂上穿出，同时上体向左转45度，右臂屈肘收至腹前，手心朝下，目视左前方。

（5）转体合抱。双脚不动，上体略向左转，同时扇顶向左经腹前穿至左腹前，手心朝下，左前臂内旋屈肘抱于左胸前，手心朝前，与扇相对，目视右手。

（6）前移推掌。重心前移，右腿屈膝半蹲，左腿自然伸直，同时身体右转90度，右前臂内旋上架至额头前上方，左手立掌坐腕随之向前推出，臂略屈，掌根与胸同高，目视前方。见图4-1-5。

2. 技术要点

（1）上步要轻灵，方向要向右斜前方。

（2）旋腕画弧、架扇、推掌都要协调一致。

（3）动作要与腰的左右转动相配合，做到上下肢配合协调一致。

图 4-1-5

六、推云播雨

1. 动作方法

（1）提膝架扇。右腿直立支撑，左腿屈膝提起，脚尖下垂，同时右手握扇不变，左手略屈立掌至胸前，目视前方。

（2）左腿上摆。上动不停，左小腿向上摆至腰高，脚背向上，双手不变，目视前方。

（3）勾脚蹬腿。上动不停，左腿挺膝，脚尖勾起，脚跟向左前上方45度蹬击，脚高于胸，双手手形不变，目视前方。

（4）屈膝下落。左腿向前下落，脚跟着地，右腿略屈，双手不变，目视前方。

（5）转体下落扇。上动不停，身体向右转，右手握扇，向右后画弧落至右腰侧，扇顶向斜后方，左手随转体向右摆臂向右斜下落，经右腰侧向前摆至体前。

（6）上步架掌撩扇。重心前移，左脚外展落地，右脚向右前45度方向上步，脚跟着地，同时左手向前、向左上摆起，架至左额头前上方，掌心向上，掌指向右，右手握扇外旋，手心向上，由右后向右脚前上方撩扇，手略高于肩，扇顶斜向上，手心斜向上，目视扇顶方向。见图4-1-6。

2. 技术要点

（1）起腿、摆脚、蹬脚之间要连贯。

（2）上身要直立，不能下沉。

（3）支撑腿要自然直立，不可弯曲。

（4）转身撩扇要与转腰上步相配合，不要弓步后再撩扇。

图 4-1-6

七、风卷残叶

1. 动作方法

（1）扣脚转体落手。右脚尖内扣，身体向左转90度，同时左掌向左侧下落至与肩同高，目视扇子方向。

（2）摆脚转体摆扇。上动不停，重心移至右腿，左脚尖外摆至左斜前方45度，同时左手摆至左胯旁，右手握扇平行摆至右胸前，眼随扇动。

（3）前移扣腕。上动不停，重心前移，左脚踏实，右脚跟提起，同时左掌向外画弧至左腰后侧，右手扣腕收至腹前，扇顶朝左，目视右前方。

（4）右脚上步。上动不停，右脚向前上步，脚跟着地，同时右手握扇屈肘回收至腹前，扇顶朝左，目视前方。

（5）摆脚转体。上肢动作不变，右脚尖外展约45度落地，同时重心移至右脚，左脚跟提起，目视前方。

（6）提膝端扇。上动不停，右腿独立支撑，同时左腿屈膝提起，脚尖自然下垂，目视前方。

（7）左脚上摆。上动不停，左小腿上抬至与腰同高，脚背向上，目视前方。

（8）勾脚蹬腿。上动不停，左腿挺膝，脚尖勾起，脚跟向前上方蹬出，脚高于胸，上肢动作不变，目视前方。

（9）屈膝下落。右腿屈膝，左脚在体前下落，脚跟着地，上肢动作不变，目视前方。

（10）扣脚转体。上肢动作不变，左脚内扣，上体左转90度，目视前方。

（11）摆脚转体摆扇。上动不停，右脚尖外摆至右前45度处落地，身体右转90度，左脚以脚掌为轴，脚跟外转，同时身体向右转，右手握扇向右斜后上方摆起，扇顶斜向后上方，左掌摆至右胸前立掌坐腕，目视扇顶方向。见图4-1-7。

  2. 技术要点

    （1）回身蹬脚与龙飞凤舞要求相同。

    （2）落步后转身斜上摆扇，要注意双脚踞转。

    （3）身体要保持直立，不得前俯后仰、左右摇摆。

    （4）眼随扇子而动。

图 4-1-7

八、神女舞扇

1. 动作方法

(1) 左脚上步。重心右移,左脚向前上步,脚跟着地,上肢动作不变,目视扇顶方向。

(2) 弓步撩扇。上动不停,左脚尖外摆约90度,落地后重心左移,屈膝半蹲,右腿自然伸直,脚跟外展,同时右手握扇从上向右下经体侧向前撩出,与肩同高,左手立掌于胸前,目视扇子方向。

(3)转体开扇。身体前移,右脚跟离地,右手腕上翘向里开扇,与肩平行,手心向上,扇顶朝上,同时头向左转。见图4-1-8。

2.技术要点

(1)弓步撩扇和定式五推云播雨中的上步架掌撩扇相同,但拧身开扇必须和转身、摆头协调一致。

(2)动作流畅,不要过于僵硬。

图 4-1-8

九、挥舞彩扇

1. 动作方法

（1）旋臂翻扇。两腿不动，右手内旋，扇面翻转向下，扇顶朝左，左手臂外旋，手心朝右，与胸同高，掌指朝右，目视扇子。

（2）内旋扣腕。重心前移，提右脚跟，上身略左转，同时右手握扇，以腕为轴，平扇向外旋转至手心斜向上，目视扇子方向。

（3）盖步云摆扇。左腿直立，右腿提起经左腿向左前侧盖步，脚前掌着地，同时右手继续外旋抬至头上方，扇面翻向上，扇顶朝前，左手内旋，手心翻向下，注意眼随扇面上抬，看着扇面。

（4）架掌端扇。两脚不动，右手继续向外、向下方转至身体左侧胯旁，扇顶朝前，手心朝上，同时左手向外、向上画弧架至左额头上方，掌心向上，掌指朝右，目视扇面。

（5）转体平云扇。两脚跟离地，以两脚掌为轴，身体向左后转180度，同时右手握扇内旋平云，右手心翻向上，目视扇面。

（6）旋腕抱扇。上动不停，左脚跟内扣，右手握扇继续向左、向右旋腕，目视扇面。

（7）上步摆扇。上动不停，重心前移，右腿向右斜方约45度上步，脚跟着地，左脚跟继续随体内踝，同时右手握扇提至脸部左前方，手心朝外，扇顶朝左，左手外旋下落至左侧方，手心朝前，目视左掌。

（8）云扇合抱。上体略向右转，右手随体画弧外旋向下、向左至于腹前，同时左手向上平带，屈肘内旋至胸前。见图4-1-9。

2. 技术要点

（1）落扇旋腕、抡圆画弧、盖步翻身都要注意动作圆活、自然、协调一致。

（2）不可耸肩僵硬，上下脱节。

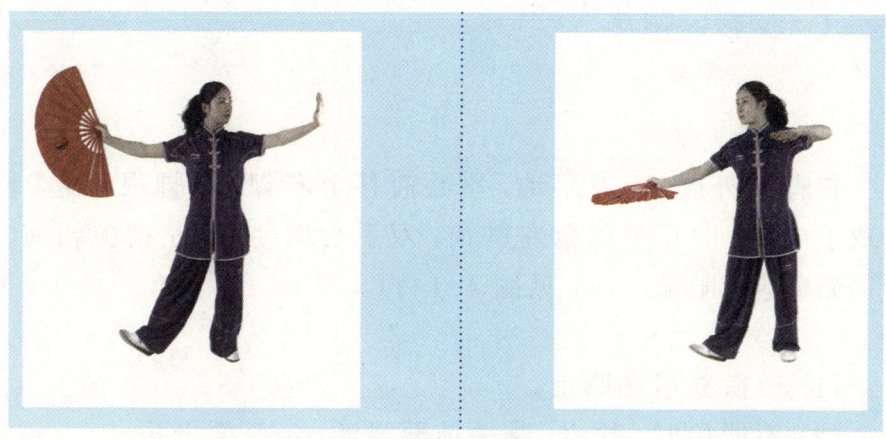

图 4-1-9

十、拨云见日

1. 动作方法

（1）架掌托扇。两脚不动，右手握扇内旋向右摆至头前方，左手外旋上抬至头上方，掌心朝前，指尖斜向上，目视扇子方向。

（2）持扇亮掌。双手以腕为轴，向前上、向右旋腕摆扇，左手至左侧方，手心朝前，右手握扇摆至胸前，扇顶朝左，与左手心相对，目视左侧方。见图 4-1-10。

2. 技术要点

（1）在摆扇的过程中要注意腰的配合。

（2）不可抬肘、坐臀，动作要自然。

图 4-1-10

十一、彩云飘荡

1. 动作方法

右脚尖外展45度落地,重心前移至右脚,左脚跟抬起,同时双手向前、向左平摆至左胸前,双手心均朝右,左指尖朝前,扇顶斜朝左,眼随双手。见图4-1-11。

2. 技术要点

(1) 云摆立扇在胸前。
(2) 不能抬肘、耸肩,腕关节要灵活,上身要挺拔。

图4-1-11

第二节 第二段

木兰扇第二段的套路动作有犀牛别宫、仙人指路、飞燕扑蝶、雨打樱花、顺水推舟、凤凰展翅、右倒卷珠帘、左倒卷珠帘、美女献扇、雪浪翻滚。

一、犀牛别宫

1. 动作方法

(1) 上步摆掌。右腿支撑直立，左脚向前上步，脚跟着地，同时上体略向右转，双手随转体继续略右转。

(2) 内扣转体。上动不停，左脚尖内扣着地，身体右转90度，同时双手随身体向右平摆，目视左掌。

(3) 跟脚背扇。上动不停，重心右移，右脚跟内蹍，脚跟抬起，呈右虚步，身体右转90度，同时两手随转体继续向右平摆，目视扇子。

(4) 虚步背扇。上动不停，下肢不变，右手握扇继续向右摆，摆至右腰后背处，手背贴于腰后侧，扇顶朝上，左掌向右摆至右肩前，掌心朝内，掌指朝上，目视右侧。

(5) 前移重心落掌。重心移至右脚，抬左脚跟，同时左掌向下摆至腹前,手心朝下,目视前方。

(6)抬腿上架。右脚直立支撑;左腿向后屈膝上抬,脚背斜向下,高于臀部,同时左手向左、向上弧形摆掌至左额前上方,手心向上,指尖朝右,头向右转,目视右侧前方。见图4-2-1。

2. 技术要点

(1)转身平摆扇至腰后、背扇、画弧架掌后抬脚,要注意下肢扣脚与碾脚、摆扇要协调一致。

(2)后抬腿一定要高于臀部,上身不可前俯、下沉。

图 4-2-1

二、仙人指路

1. 动作方法

(1) 落步托扇。左脚向左前落步，脚跟着地，同时右手握扇下落经右胯旁，右臂外旋，手心向前、向上托起，扇子高与肩平，扇顶朝前，左手下落，手心朝下，附于右前臂上，目视前方。

(2) 扣脚转体。上动不停，左脚尖内扣，身体右转 90 度，双手随身体右转摆至前方，扇顶朝前，目视前方。

(3) 移重心摆脚。上动不停，重心移至左脚，右脚向前方 45 度外摆，脚尖翘起，身体右转 90 度，同时双手向右摆至体前，目视前方。

(4) 上步提腕。重心移至右脚，右脚踏实，左脚向左前 90 度上步，脚前掌着地，同时右手握扇摆至右斜上方，臂内旋，扇面向左脚尖方向，扇顶朝上，架至右额前，左手向右向下按掌至腹前，目视扇顶。

（5）前点步提扇。扇面略向前推，右手握扇前引向上，提腕内扣，扇顶向前，手心向上，左手摆至左胯前，同时左脚掌略向回拉，呈左前点步，目视前方。见图4-2-2。

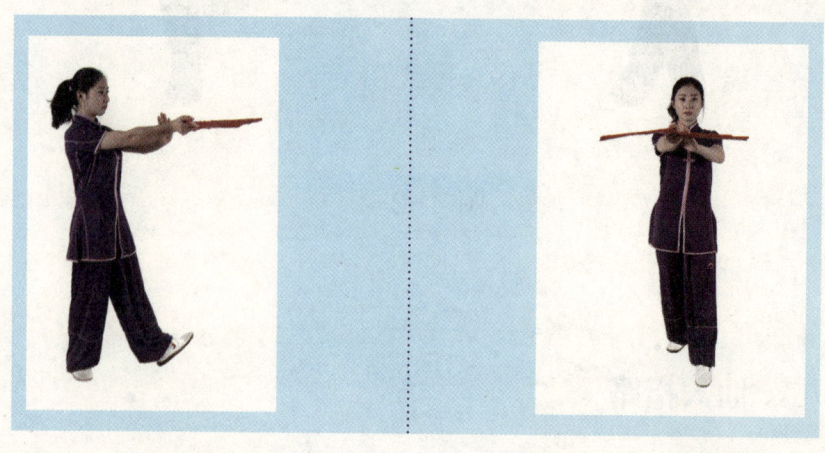

图 4-2-2

2. 技术要点

（1）踹脚、扣脚与转身要配合一致。

（2）上步翻扇和拉扇与前点步要求一致，腰部要挺拔，要直立上起。

（3）向前扣腕和左脚掌回拉要一致，动作挺拔，不可下沉。

三、飞燕扑蝶

1. 动作方法

右腿屈膝全蹲，脚跟离地。左脚外侧向前擦地伸出，呈坐莲步。同时扇顶向下穿经腹前，顺左脚上方向前穿出，手心向下，左手臂向左后上方摆起，手心斜向下，左、右臂呈一斜线，身体前俯，胸部靠近左腿，目视扇顶方向。见图 4-2-3。

2. 技术要点

(1) 注意扇面经左脚上方向前穿出,后臂要尽力向后上方伸展。

(2) 上身要贴靠至前腿上方。

图 4-2-3

四、雨打樱花

1. 动作方法

(1) 起身上步。右脚蹬地,身体上起,右脚向前方上步,脚跟着地,身体略左转,同时两手下落至体前合抱,手心相对,目视双手。

(2) 扣脚转体抱扇。右脚尖内扣,身体左转90度,重心移至右脚,左脚跟内碾提起,呈左虚步,同时左手略上提,手心朝下,右手握扇摆至腹前,手心朝内,眼随两手走。

(3) 撤步扣扇。右脚支撑,左脚向右腿后方插步,脚前掌着地,同时左手向左摆至胯旁,右手握扇扣腕上托,目视扇面。

(4) 前点步合扇。重心后移，左脚踏实，屈膝半蹲，右脚尖虚点地面，呈右虚步，身体右转，同时左手向后摆至体后，手背贴于右腰，右手外旋，向右后下方合扇于右手虎口中，扇顶斜向下，目视扇顶方向。见图4-2-4。

2. 技术要点

(1) 转身合抱要双手同时向身前移动。

(2) 退步与摆掌要协调一致，后坐与转身斜下合扇配合一致。

(3) 身扇协调一致，不可扭腰、耸肩。

图 4-2-4

五、顺水推舟

1. 动作方法

（1）移重心画弧。重心前移至右脚,左脚跟离地;同时右手握扇,扇顶向前、向上画弧至体前。

（2）右下画弧。左脚跟内碾,重心后移至左脚,屈膝踏实,右腿自然伸直,同时右手向下、向右侧画弧至身体右侧下方,扇顶斜向下,左手不动,目视扇顶。见图4-2-5。

2. 技术要点

（1）向前移送扇时,要抬后脚跟。

（2）后坐落扇,重心移左腿。

（3）重心移动要准确,身体不能晃动。

图 4-2-5

六、凤凰展翅

1. 动作方法

（1）扣脚转体。右脚尖内扣，重心右移，身体左转90度，同时左掌随体转向上方摆掌，手心向上，右手握扇不变，目视前方。

（2）踢腿开扇。重心移至左腿，左腿独立支撑，右腿勾脚尖向前上方踢起，脚高于腰，同时左手从上向下、向后摆至身体左侧，手心斜向下，右手握扇向上摆至额前上方，并立即向左脚方向开扇，扇顶朝前，目视前方。见图4-2-6。

2. 技术要点

（1）扣脚转身勾踢与开扇要协调一致，不可开扇后再踢腿。

（2）踢腿时注意上体不可弓背。

图 4-2-6

七、右倒卷珠帘

1. 动作方法

（1）落脚盖扇。左脚体前下落，脚跟着地，同时右手握扇手臂内旋，手心向下按至腹侧，左手手心向下，朝左斜后方摆，目视前方。

（2）前移盖章。重心前移至左脚，左脚踏实，右脚跟离地，同时左手内旋向前、向上摆至胸前，手心朝前，右手下落至腹前，目视左掌。

（3）上步扣腕。右脚提起向前上步，脚跟着地，同时右手握扇扣腕，扇顶斜朝内，目视前方。

（4）摆脚穿扇。右脚尖外摆90度踏实，身体随之右转90度，重心右移，左脚跟提起，脚掌为轴，脚跟内蹍，同时左手按至腹前，右手握扇，扇骨经左手背上向前穿出，扇顶向前，高与肩平，目视前方。

（5）旋腕上步。重心前移，左脚向右脚前上步，脚跟着地，右脚脚掌为轴，脚跟内蹍，同时右手内旋，手心翻向上，扇面按至腹前，左掌外旋，手心朝上，虎口朝前，目视前方。

（6）扣脚穿掌。上动不停，左脚尖内扣，同时左掌经右手背上方向前穿出，高于肩，目视左掌前方。

（7）上步旋腕。重心前移至右脚，左脚向左前45度上步，脚跟着地，同时两手略内旋，右手握扇，扇顶斜朝左下，目视左前方。

（8）摆脚上步。右脚尖外摆踏实，重心前移至右腿屈膝，左脚向左前45度上步，脚跟着地，同时身体向右转，右手向右、向后腰平摆，手背贴靠腰部，扇顶朝上，左手向右平摆至右腋处，手心朝右,指尖朝上侧,目视前方。见图 4-2-7。

2. 技术要点

(1) 落步、落扇和左摆掌要协调一致。

(2) 上步与穿扇要一致,上步、盖步转身和穿掌一致。

(3) 上步、撩扇、背扇亮掌要相互配合,不可断劲,步法要轻灵,组合动作要势断劲和意不断。

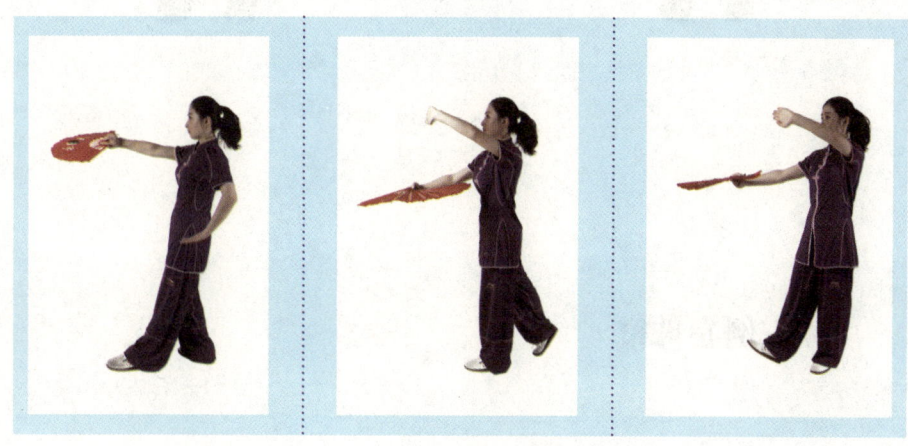

图 4-2-7

八、左倒卷珠帘

1. 动作方法

（1）摆脚推掌。左脚尖外摆 90 度落地，身体左转 90 度，重心前移至左腿，右脚脚跟提起，同时左手内旋，手心朝前，立掌向前推出。

（2）上步落手。左腿直立支撑，右脚向左前上方上步，脚跟着地，同时左手内旋下按至腹前，掌心朝下，虎口朝右，右手由后向前提至腹前，手略外旋，手心朝上，扇骨尖向前上穿出，扇顶朝前，略高于肩，目视前方。

（3）扣脚内旋。右脚尖内扣，身体左转 90 度，同时右手内旋，目视前方。

（4）碾脚穿掌。重心右移，左脚跟离地向内拧转，同时右手握扇内旋，手心朝下按至腹前，扇顶朝前，左手外旋，手心向上，虎口朝前,经右手背上向前上方穿出,高与肩平,目视前方。见图 4-2-8。

图 4-2-8

2. 技术要点

(1) 旋腕、沉腕、立推掌时上身要挺直。

(2) 穿扇、穿掌与扣脚转体要协调一致。

九、美女献扇

1. 动作方法

(1) 扫步旋腕。右腿支撑,并以前掌为轴,后跟提起,向左旋转,左脚前脚掌向外弧形扫至左后方,脚尖斜向外,随之身体左转90度,同时左手内旋,手心斜朝外,右手外旋,虎口朝上,立扇扇顶朝前,两手随转体略向左平摆。

(2) 移重心摆扇。重心左移,左脚踏实,身体向左略转,同时双手向左平摆,目视扇子。

(3) 踺脚旋背。右脚掌为轴,右脚跟外踺并提起,身体左转45度,同时,左掌臂外旋贴靠于左腰后,右手握扇向左摆至左体侧,扇顶朝左,目视扇子。

(4) 上步压扇。右脚向右方45度上步,脚跟着地,右手握扇下压,扇顶朝前,目视扇子。

(5) 转体合扇。上体右转45度,同时右手向上、向右画弧至体右侧,扇与胸平,扇顶朝右,目视扇顶方向。

(6) 前移抬臂。重心前移,右腿踏实支撑,左脚跟离地,同时右手握扇向上举至头前右上方,扇顶斜向后,目视前方。

(7) 开扇。右手向右斜前上方开扇,扇顶朝斜前方,目视扇子。见图4-2-9。

2. 技术要点

(1) 向后扫步,要呈弧形,脚掌要贴近地面,不可腾空。

(2) 摆扇与转体一致。

(3) 转腰合扇、上提开扇与摆头要协调一致,不可下沉、塌腰,动作要挺拔。

第四章 套路练习

81

图 4-2-9

十、雪浪翻滚

1. 动作方法

（1）内跟辗转体。左脚跟向内踝转,身体向左转 90 度,同时右手外旋,手心朝上,随转体摆至右侧,左手向左侧抬起,摆至体左侧,手心朝左上,略高于肩,目视扇子。

（2）移重心平摆扇。左脚跟继续内踝落地,重心移至左腿,右脚跟提起,同时右手持扇向左平摆至身体前方,左掌不变,目视扇子方向。

（3）右脚上步。右脚沿左脚内侧上步,脚跟着地,上肢不变。

（4）扣脚十字手。右脚内扣,身体左转 90 度,同时两臂屈肘内合,两手心朝内,在面前交叉呈十字手,右手在外,左手在内,扇顶朝上,目视扇面。

（5）踝脚旋腕。重心右移,左脚跟提起向内转,身体向左转

45度,同时双手内旋至手心向下,右手在左小臂上,目视扇面。

(6)撤步平拉扇。右腿屈膝半蹲,左腿向右脚后侧插步,脚前掌着地,同时两手心向前平行拉开,右手的扇顶朝左,高于肩,左手拉至左前方,掌指朝右,高于肩,目视扇子。

(7)插步下按。两手心向身体右侧摆掌下按至腰部,右手握扇,手心朝下,扇顶朝前,目视扇子。

(8)架掌托扇。重心移至左腿,左腿略屈膝,右脚掌离地,呈右虚步;身体左转90度,同时两手心向前上画弧托起,右手握平扇,高与肩平,扇顶朝前,手心朝上,左手随转体向上摆架在额左前上方,手心斜朝上,掌指朝右侧,目视前方。见图4-2-10。

2. 技术要点

(1)蹍脚回身托扇定式时,人要直立,臂要直。

(2)上步十字手合抱要在脸前左侧方。

(3)退步、插步与拉开扇子要协调一致完成。

(4)注意插步身形不可歪斜。架掌和虚步撩扇要一起完成。

图 4-2-10

第三节 第三段

木兰扇第三段套路动作有：敦煌飞壁、仙童摘果、雨打樱花、推窗望月、倒卷珠帘、托云坐莲、白蛇吐信、顽童探路、拨云见日、斜身照影。

一、敦煌飞壁

1. 动作方法

(1) 扣脚转体。右脚尖内扣，身体左转 90 度，同时左掌下落，手心向外，目视右侧前方。

(2) 蹍脚摆扇。左脚跟离地内蹍，右脚跟外蹍，身体左转 90 度，同时右手内旋，手心朝左，随身摆扇，目视前方。

(3) 虚步合扇。右腿略屈支撑，左脚虚点地面，右手继续向左合扇至左手虎口中，目视扇子。

(4) 提右膝。重心前移踏实，左腿支撑独立，右腿屈膝提起，脚尖自然下垂，上肢动作不变，目视前方。

(5) 右脚上摆。右小腿向上抬起，高于腰，脚尖向上，目视前方。

(6) 勾脚蹬腿。上动不停，右腿挺膝，脚尖勾起，脚跟向前上方蹬出,目视前方。

(7)落步送扇。右脚在体前下落,脚跟着地,重心前移,随右脚踏实,左脚跟离地,同时双手向前上抬起,扇顶朝前,手高于肩,左手按于扇骨上,目视前方。

(8)移重心下摆扇。重心后移,左腿略屈踏实,右脚跟提起,同时右手下摆至右斜后下方,扇顶斜向下,手心向右,左手向左前上方伸直,手心斜朝上,手指朝前,目视扇顶。

(9)前移抬脚。重心前移,右脚踏实,左脚跟离地,目视左手。

(10)抬腿开扇。右腿独立支撑,左腿屈膝,脚掌向后上抬起,高于臀部,同时左手向上翻转,掌心朝上,右手平行开扇,头向右转,目视右手。见图4-3-1。

2. 技术要点

(1)扣脚回身、抬腿、摆腿、蹬腿、落步送扇、后坐合扇、后抬腿、架掌开扇都要注意身体正直。

(2)支撑腿不可弯,后抬腿要高于臀部,上身不可前俯下压。

第四章 套路练习

87

图 4-3-1

二、仙童摘果

1. 动作方法

左脚向前落步,脚前掌着地;右腿略屈膝,同时右手握扇,手心朝上,平扇向前上方托起,扇与肩同高,手高于肩,扇顶朝前,左手下落于右腕上,目视前方。见图 4-3-2。

2. 技术要点

落步托扇动作协调一致,重心向上,不要下沉。

图 4-3-2

三、雨打樱花

1. 动作方法

(1) 蹍脚旋腕。左脚跟内蹍呈左脚外展，脚跟落地踏实，身体左转45度，随重心前移，右脚跟抬起，同时右手握扇腕内旋、翻扇立于脸前，扇顶朝上，左手屈肘落于右胸前立掌，肘略屈，掌心朝前，掌指朝上，目视前方。

(2) 上步推扇。左脚向右前上步，脚跟着地，同时右手握扇面略向前推，目视前方。

(3) 扣脚转体。右脚内扣落地，身体向左转45度，同时双手向下摆至体前，掌心均斜朝下，扇顶朝前，目视右前方。

(4) 蹍脚转体。重心移至右脚踏实，左脚跟内蹍，脚尖虚点地面，同时身体左转90度，左手随转体向左摆至体前，右手外旋摆至腹侧，目视右手。

(5) 后移撤步。右脚跟外展，重心后移至右脚，左脚向右脚后插步，脚前掌着地，双手不变，目视扇子方向。

(6) 虚步合扇。重心后移至左腿，左脚踏实屈膝半蹲，右脚跟提起，呈右虚步，同时右手握扇外旋翻扇，向右斜后下方合扇，扇顶斜向下，左手从体前向上摆至左额前上方翻手亮掌，手心斜朝上，掌指朝右。见图4-3-3。

2. 技术要点

旋腕推扇、撤步旋腕、后坐架掌合扇都要注意协调，重心要正，不可下沉。

图 4-3-3

四、推窗望月

1. 动作方法

（1）落掌抬扇。重心前移至右脚，右脚踏实；左脚跟抬起，同时左掌下落至右胸前立掌，掌指朝上，掌心斜朝右方，右手握扇从下向上抬起于右侧方，高与肩平，目视扇顶。

（2）上步开扇。左脚向左前45度方向上步，脚跟着地，同时右手向前平开扇，扇骨贴于右前臂，扇顶朝前，手高与肩平，目视扇子方向。

（3）摆脚转体。左脚尖外摆90度，身体向左转180度，重心移至左腿，左膝略屈，右脚跟离地，同时双手臂随转体向左平摆，目视扇子方向。

（4）上步摆扇。右脚向右斜前方上步，脚跟着地，同时双手继续向左摆，左掌摆至左侧方，右手握扇摆至右额前上方，旋腕翻掌，右手心朝外，扇顶朝上，目视扇子。

（5）转腰推掌。重心前移至右脚，右脚踏实，屈膝半蹲，左脚跟离地，同时身体略向右转，左掌随体向下、向上摆，经体前在胸前立掌向前方推出，右手握扇摆至右额前上方，手心朝外，目视前方。见图4-3-4。

2. 技术要点

（1）上步开扇，向斜上方上步，脚向斜前方上步，转身上摆扇运行路线要圆。

（2）推掌时上身要直立，要挺起来，推掌时随腰而动。

图 4-3-4

五、倒卷珠帘

1. 动作方法

（1）摆步旋腕。右腿支撑；左脚在后向右摆至右脚后方，脚前掌着地，同时右手外旋，手心朝上，扇子向下平落至胸前，扇顶朝前，左手下按至腹前，掌心朝下，掌指朝右，目视前方。

（2）虚步穿掌。上动不停，重心后坐，左腿屈膝半蹲；右脚掌跷起，呈右虚步，同时右手下落至腹前，左手外旋，手心朝上、虎口朝前经右手心上方向前穿出，高与肩平，目视前方。见图4-3-5。

2. 技术要点

（1）插步平端扇，下落扇与穿掌要协调一致。

（2）扇面不可偏斜歪倒。

图 4-3-5

六、托云坐莲

1. 动作方法

（1）扣脚转体。右脚尖内扣135度，左脚跟内蹍45度，身体左转45度，重心仍在左腿，同时右手腕内旋使扇子在体右侧旁，扇顶朝左，扇面、手心朝上，左掌随转体摆至左前方。

（2）蹍脚转体。上动不停，重心左移，左脚跟向内转至脚尖指向前方，右脚跟外摆45度，身体向左转90度，同时右手腕内旋向上至右额头前上方，扇顶朝前，左手下落至左胯旁，手指向下，手心向前，目视前方。

（3）右腿屈膝全蹲。右脚跟抬起，左脚向前自然伸直，膝腘贴于右膝盖内侧，脚外侧着地，左手背向左腰后，手背贴至左后腰上，右手翻腕架于右额上方，扇面要平，扇顶朝左，目视前方。见图4-3-6。

2. 技术要点

（1）扣脚转身、上摆扇全蹲、反腕架扇要协调一致，要自然挺拔。

（2）不可弓背、前俯、下沉。

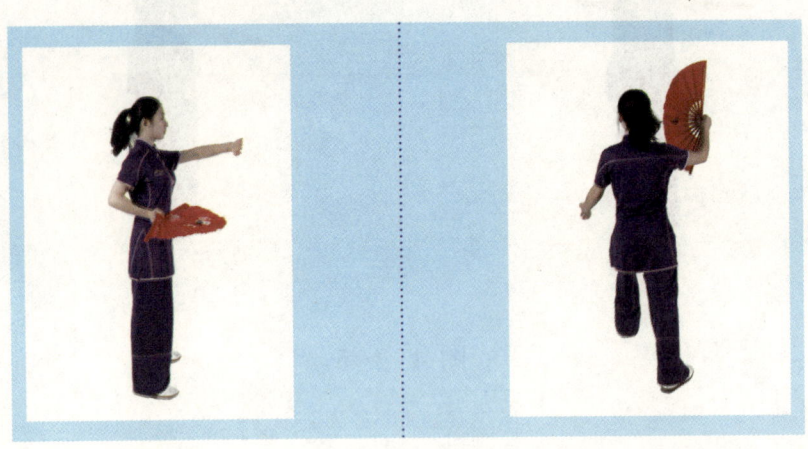

图 4-3-6

七、白蛇吐信

1. 动作方法

（1）踢脚撩扇。两腿蹬地，身体上起，左手向前上方摆起至左肩前，手心朝下，右手向右、向下、向前上方撩起，手心朝上，高与胸平，与左手心相对呈抱球状，同时右腿由后向左前方摆起，脚尖外展，脚内侧朝上，高于左膝，目视前方。

（2）落步抱球。身体右转90度；右脚向右侧落步，脚跟着地，同时两手随转体向右平摆呈抱球状，目视前方。

（3）摆脚画弧。右脚尖外摆45度，随重心前移右腿屈膝，身体右转90度，左脚跟提起，同时右手内旋，手心向左，随重心前移向右后摆，手心朝上，扇顶朝右侧，左手摆至右胸前，手心朝下，目视扇子方向。

(4) 上步落手。左脚向左前方上步,脚跟着地,同时左掌下落至腹前,右手握扇后摆,手心向前,目视扇子。

(5) 转体摆掌。重心前移,脚掌踏实,左腿屈膝半蹲,右腿自然蹬直,脚跟离地,同时左掌经左小腿前向左侧下方摆掌,手心向下,指尖斜向上,右手随左转体向右侧上方伸直,手心朝左,扇顶斜向上方,目视左手。

(6) 起身上步。左腿蹬直,身体直立,右脚向左脚前盖步,脚掌着地,左掌上抬,两臂前后呈斜线,目视前方。

(7) 上步落扇。重心右移,左脚向左前上步,脚前掌着地,同时右臂下落至右胯旁,手心朝内,扇顶朝下,左掌高与肩平,手心朝下,指尖朝前,目视前方。

(8) 勾踢托扇。左脚跟内蹍后踏实,脚跟落地,左腿支撑重心,膝略屈,右脚尖勾起,由后向前上方擦地勾踢起,同时左手上架至头上方,手心斜向上,扇顶向前、向上铲出,手心朝左,目视扇顶方向。

(9) 落步托扇。左脚略屈膝支撑,右脚下落,脚跟着地,上肢不变,目视前方。见图 4-3-7。

第四章 套路练习

97

图 4-3-7

2. 技术要点

(1) 撩扇、摆踢要协调一致,上身不可后仰。

(2) 落步转身平摆扇,上步转身摆扇至体侧,要一气呵成。

(3) 转身下摆掌,要和弓步协调一致配合,不可弓背俯身。

(4) 上步擦地勾踢要注意不可太高,一定要擦地,和扇子穿出要一起完成。

八、顽童探路

1. 动作方法

(1) 扣脚转身盖扇。右脚尖内扣后踏实,左脚跟提起内蹍至脚尖向前,身体左转90度,同时左手随转体向左下摆至腹前,手心向内,右手臂持扇内旋随体向前下按至腹前,目视前方。

(2) 撤步摆脚。重心后移,左脚抬起向左后90度撤步,脚跟着地,身体左转45度,同时左掌下落至腹前,右手握扇按在身体右侧,目视扇子。

(3) 转体摆掌。左脚尖外摆,重心前移,左腿屈膝半蹲,右腿伸直,脚跟离地,同时右手腕上跷,手心向内贴于腰背后,左手摆至左前上方,虎口朝上,手心向前,目视左掌。见图4-3-8。

2. 技术要点

(1) 左脚撤步和支撑腿蹍脚转身要注意配合。

(2) 旋腕、摆扇、背扇要协调自然,不可耸肩。

图 4-3-8

九、拨云见日

1. 动作方法

(1) 起身摆扇。重心前移起立,右脚跟离地,同时右手由后向前弧形摆起,手心斜向下,左手心向下落于前臂下,眼随两手。

(2) 上步云扇。左腿支撑,右脚向前上步,脚跟着地,同时右手以腕为轴由左向右、在头额前上方转一圈至手心朝上,扇顶朝前,扇面要平,目视前方。见图 4-3-9。

2. 技术要点

(1) 上步托扇要直立,不可下沉。

(2) 身体直立,不能前俯后仰。

图 4-3-9

十、斜身照影

1. 动作方法

（1）摆脚提膝。右脚尖外摆 45 度，重心前移至右腿，左腿屈膝提起，脚尖自然下垂，同时两手上托扇于面前，目视前方。

（2）左腿上摆。左小腿向右前 45 度摆起脚，与腰平，上肢不变，目视前方。

（3）勾脚蹬腿。上动不停，左脚尖勾起，脚跟向前上方蹬出，脚高于胸，目视前方。

（4）落步托扇。左脚向前落步，脚跟着地，上肢不变，目视前方。

（5）摆脚云扇。左脚尖外摆，右手腕内旋云扇，手心朝外，左手附于右腕处，目视扇子方向。

（6）屈膝落掌。两膝略屈，右手持扇上提，腕向内旋至手心向外，左手下落至胸前立掌，目视前方。见图 4-3-10。

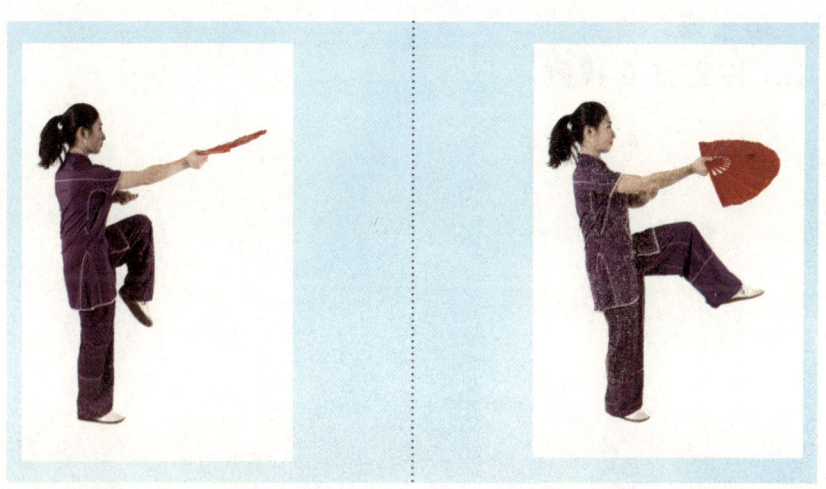

图 4-3-10

2. 技术要点

(1) 抬腿、摆脚、蹬脚连贯协调,落步与旋腕,上架扇与推掌要一起完成。

(2) 注意直立拔腰。

第四节 第四段

木兰扇第四段套路动作有书地断水、金龙出海、平扫金光、凤凰出巢、喜鹊登枝、外劈华山、回头望月、收势等。

一、书地断水

1. 动作方法

（1）直立按掌压扇。下肢不变，右手心下按至腹前，手心朝下，扇顶朝前，同时左掌摆至左胯旁，手心斜向下，目视扇顶。

（2）盖步转身托扇。右脚经左脚前向左侧盖步，脚前掌着地，脚跟提起，同时身体左转180度，左脚跟内踞，左腿屈膝，右手随转体外旋，向身前上方托起，高与肩平，手心朝上，左手摆掌向上架至左额前上方，目视扇顶方向。

（3）踞脚转体。右脚跟内踞，重心前移，左脚跟离地，同时身体右转90度，右手边内旋边向下经右侧向后画弧，手心朝下，扇顶朝斜下，左掌臂外旋，手心由向上转为边向下边画弧至头前，目视扇子。

（4）上步按扇。左脚向前上步，脚尖外摆，重心前移，右脚跟离地，同时身体左转90度，左手向下经体侧向左后摆起，手心向上，指尖朝左后，右手握扇从右后向上、向前、向下画弧至腰前，手心朝下，目视扇面。

（5）后移提扇。重心后移，右脚踏实，左脚跟离地，同时扇面收至腹前，右手心朝内，左手摆至左前上方，掌心朝前，目视前方。

（6）歇步合扇。右手上提至胸前，手腕外旋，向前伸臂收扇，手心朝下，高与肩平，左掌翻掌架于左额头前上方，掌心向上，同时两腿屈膝全蹲，右脚跟离地，臀部坐于右小腿上，目视前方。见图4-4-1。

图 4-4-1

2. 技术要点

（1）盖步转身撩扇，虚步托扇，转身抡臂后摆扇，上步按扇抡臂、架掌扣腕，全蹲歇步合扇都要注意动作协调配合，上身不可歪斜。

（2）歇步不可前俯，不可塌腰，动作之间衔接要连贯，不可断劲。

二、金龙出海

1. 动作方法

（1）身体上起。两脚蹬地，身体上起，重心前移，右手向下摆至右体侧，目视扇子。

（2）上步摆掌。右脚向右前 45 度方向上步，脚跟着地，右手继续摆至右后体侧，左掌外旋摆至体前，目视前方。

(3)踢脚开扇。重心前移,右脚独立支撑,左脚勾脚尖向前上踢起,脚高于腰,同时左手下摆至左胯前,右手向前上方抡摆开扇,扇顶朝后,目视前方。见图4-4-2。

2. 技术要点

(1)抡臂画弧、踢腿上开扇时,动作要协调。

(2)注意脚尖高于胸,不可弯腿、弓背、低头。

图4-4-2

三、平扫金光

1. 动作方法

（1）落步落扇。左脚落步于右脚前，脚跟着地，脚尖外展，同时左手外旋至手心向上，上托至体前，掌指朝前，右手外旋，手心向上，下落至体前，两手屈肘平行收至腹前，与肩同宽，目视扇顶。

（2）摆脚上步。重心前移，左脚踏实支撑。右脚向前上步，脚跟着地，身体左转90度，同时两腕内旋向身体两侧分开平举，目视扇顶方向。

（3）扣脚、踱脚合抱。右脚尖内扣约90度，重心右移，左脚跟内踱90度，身体左转90度，同时两手内旋，两臂撑圆于胸前，两手心朝外，指尖相对，目视扇子。

（4）撤步分掌。在右腿支撑的情况下，左脚向右后插步，脚前掌着地，并使重心后移，同时两手向外撑开至肩前，臂略屈，目视前方。见图4-4-3。

图 4-4-3

2. 技术要点

（1）落步转身，屈臂合扇至脸前，插步并双臂左右撑开，动作要连贯、协调。

（2）退步要与重心前后移动相配合。

四、凤凰出巢

1. 动作方法

（1）双手画弧。两手向外、向下画弧，手腕分至体两侧，手心均向下，目视前方。

（2）提膝托扇。右脚跟内踩，随即重心前移至右腿，左腿向前屈膝提起，同时两手外旋向前方托起，手心朝上，扇顶朝后，高于头，目视前方。见图 4-4-4。

图 4-4-4

2. 技术要点

(1) 提膝托扇和托掌,都要高于头,动作要稳。

(2) 臂不可太直,上身要直立,不可塌腰。

五、喜鹊登枝

1. 动作方法

(1) 转体摆扇。身体略右转。同时右手向下、向后摆至体右后方,手心朝上,扇顶朝右前,左手不变,目视扇子。

(2) 摆掌提扇。上动不停。右手在内旋的同时,向上、向右旋转至右额侧方提扇,同时左手内旋,手心向下画弧按于左胯旁,掌指朝前,目视左手。

(3) 蹬腿架扇。左脚尖勾起向右前 45 度方向挺膝蹬出,脚高与胯平,同时左手向前下摆至左胯旁按掌,右手在头上翻扇,手心朝上,扇顶朝左45度方向,目视左前方。见图4-4-5。

2. 技术要点

(1)双手画弧摆扇上架、按掌,与蹬脚和拧身直立要同时完成。

(2)动作不可下沉或支撑腿弯屈。

图 4-4-5

六、外劈华山

1. 动作方法

(1)落脚落扇。右腿略屈,左脚向右脚前落步,脚跟着地。同时右手握扇下落至头前方,手心朝外,扇顶朝上,目视扇子方向。

(2)摆脚转体。左脚尖外摆90度,身体左转90度,重心移向左腿,略屈膝;右脚跟离地,同时左手向外、向上画弧摆至左腹前,手心朝下,掌指朝右,右手向前、向下画弧落至腹前,手心朝下,扇顶斜向下。

(3)上步合扇。右脚向左前45度方向上步,脚跟着地,同时身体左转45度,右手握扇经右手臂内上提至脸前,手心朝内,扇顶朝左,然后向左额上方合扇,扇顶斜向上,左掌屈收至右胸前立掌,目视扇顶方向。见图4-4-6。

2. 技术要点

(1)落步、摆脚、落扇和上步、转身、合扇,要协调一致。
(2)注意不可突臀弯腰。

图 4-4-6

七、回头望月

1. 动作方法

（1）扣脚摆脚转体。右脚尖内扣，重心右移，左脚尖外摆，同时身体左转180度，左手向下随转体摆至左胯旁，右手随转体略向前摆。目视扇子。

（2）歇步落扇。左脚尖外摆后左脚踏实，两腿屈膝全蹲，呈左歇步，同时左手向外、向下再向上画弧至胸前呈立掌，掌心朝右，掌指朝上，右手握扇向左腿前下落，手心朝下，扇顶斜向下，目视右前方。

（3）歇步开扇。歇步不变，上动不停，上体左转略向右倾，左掌不变，右手向上画弧摆至右额前上方开扇，头向左转，目视左前上方。见图4-4-7。

图 4-4-7

2. 技术要点

(1) 蹍脚、画弧、转身,三者要协调一致,要下沉全蹲。

(2) 画弧落扇、摆扇、开扇、回头要同时完成。

(3) 动作舒展,上体中正,不可塌腰、耸肩。

八、收势

1. 动作方法

（1）转体平视。身体向左转90度，即恢复至起势方向，目视前方。

（2）上步托掌。左脚向正前方迈步，脚跟着地，同时左手向下、向上摆举于左体侧，与头同高，掌心向右，掌指朝左侧，目视前方。

（3）前移合抱。重心前移至左脚，脚前掌踏实。右脚跟离地，同时双手向上、向内抬举环抱，两手心相对，扇顶斜朝右，左手指向上，目视前方。

（4）并步落手。右脚上步收至左腿内侧，两脚尖略外展，两腿略屈膝，双手按至头上方合抱，手心相对，扇顶朝上，目视前方。

（5）并步站立。两腿自然伸直，身体略起，两手臂向前下落至身体两侧，目视前方。见图4-4-8。

图 4-4-8

---

2. 技术要点

(1) 上步下按掌，动作要自然，脸部表情要放松。

(2) 动作自然流畅，不要僵硬。

第五章 比赛规则

制定各项运动的比赛规则，有助于比赛参与者了解该运动规则的基本知识，以使自己在比赛过程中游刃有余地发挥技术水平，比赛观赏者也只有在了解基本规则的前提下，才能够充分体验观赏比赛的乐趣。

第一节 比赛方法

运动员要按照一定的方法进行比赛，并遵循一定的规则，以使比赛有序进行。

一、比赛安排

1. 比赛类型
木兰扇比赛包括个人赛和团体赛。

2. 年龄组别
（1）成年组：18周岁以上（含18周岁）。
（2）少年组：12～17周岁。
（3）儿童组：不满12周岁。

3. 套路时间
（1）规定套路时间为3～3分钟30秒。
（2）自选套路时间为3～4分钟。

二、比赛流程

1. 运动员听到点名或看到电子显示屏显示自己的姓名后,应立即进场,待裁判长示意后,即可走向起势位置。

2. 运动员身体任何部位开始动作即为起势(计时开始),集体项目在行进间开始动作者,需事先向裁判申明。

3. 运动员完成整套动作后,需并步收势(计时结束),再转向裁判长行注目礼,然后退场。

4. 运动员应在同侧场内完成相同方向(左右不得超过90度)的起势与收势,集体项目必须在场内完成起势与收势,方向、位置不限。

5. 运动员听到上场比赛的点名和看到赛后示分时,应向裁判长行抱拳礼。

第二节 裁判方法

在比赛过程中，裁判员通过履行职责，开展正确的裁判工作，来保证比赛的公平、公正。

一、裁判员

裁判员包括裁判长和裁判员。其中，裁判长1名，裁判员5～7名。

二、评分标准及方法

（一）评分标准

最高得分为10分，评分标准如下：

1. 个人项目评分标准

（1）动作正确、方法清楚的分值为4分，不符者视轻重程度扣0.1～2分。

（2）造型优美、舒展大方的分值为2分，不符者视轻重程度扣0.1～1分。

（3）运劲顺达、动作协调的分值为2分，不符者视轻重程度扣0.1～1分。

（4）特点明显、风格突出的分值为1分，不符者视轻重程度扣0.1～1分。

（5）精神集中、舞乐和谐的分值为1分，不符者视轻重程度扣0.1～1分。

2. 集体项目评分标准

（1）内容评分。内容充实、木兰扇的风格和特点突出，此项分值为4分。

（2）质量评分。动作正确、姿势舒展、动静分明、全神贯注、技术熟练，此项分值为3分（规定套路此项分值为4分）。

（3）配合评分。动作整齐、舞乐和谐、服装统一，此项分值为2分。

（4）编排评分。编排新颖、队形多样、变化有序，此项分值为1分（规定套路没有此项分值）。

（二）评分方法

1. 裁判员的扣分方法

裁判员根据运动员（队）的技术水平，按照比赛项目的评分标准扣分，在各类分值中减去错误动作的扣分，即为运动员（队）的得分。

（1）没有完成套路，中途退场，该套路不予评分。

（2）每出现一次遗忘现象，扣0.1～0.3分。

（3）器械（变形、折断、落地）、服饰影响动作，每出现一次失误，扣0.1～0.4分。

（4）每出现一次晃动或附加支撑，扣0.1～0.3分，每出现一次倒地扣0.5分。